PROJET D'EXPÉDITION

CONTRE LES TURCS

PRÉPARÉ

par les Conseillers du duc de Bourgogne Philippe-le-Bon

(JANVIER 1457)

PUBLIÉ

Par JULES FINOT,

Archiviste du département du Nord.

LILLE,

L. QUARRÉ, LIBRAIRE-ÉDITEUR,

Grande Place, 64.

1890.

PROJET D'EXPÉDITION

CONTRE LES TURCS

(Janvier 1457).

Extrait des Mémoires de la Société des Sciences de Lille.

PROJET D'EXPÉDITION

CONTRE LES TURCS

PRÉPARÉ

par les Conseillers du duc de Bourgogne Philippe-le-Bon

(JANVIER 1457)

PUBLIÉ

Par JULES FINOT,

Archiviste du département du Nord.

LILLE,
L. QUARRÉ, LIBRAIRE-ÉDITEUR,
Grande Place, 64.

1890.

PROJET D'EXPÉDITION

CONTRE LES TURCS

PRÉPARÉ PAR LES CONSEILLERS DU DUC DE BOURGOGNE PHILIPPE-LE-BON

(Janvier 1457)

Parmi les projets de croisade formés au XVe siècle pour secourir ou reprendre Constantinople et rejeter les Turcs en Asie, aucun ne fut plus sérieux ni plus près d'aboutir que celui qui n'a pas cessé, on peut le dire, d'être, pendant vingt-cinq ans, l'objet des préoccupations du duc de Bourgogne, Philippe le Bon. Dès que la paix d'Arras lui eut donné un peu de liberté d'esprit, ses yeux se tournèrent vers l'Orient et il conçut le ferme espoir d'être appelé un jour le restaurateur de la foi chrétienne dans ces lointaines régions. Chaque année, il envoyait mille ducats aux communautés chrétiennes de Jérusalem et leur accordait, en outre, des sommes considérables pour la réparation et la décoration de leurs églises. Dans l'une d'elles, il avait même une chapelle particulière, avec des verrières représentant sa personne et ses armes (1). Son renom de piété, de richesse et de puissance était donc très grand dans tout

---

(1) Archives du Nord B. 1961. Compte de la Recette Générale des Finances du 1er janvier 1437 au 31 mai 1438 « A frère Simon de Verdeau, cordelier et gardien du couvent de Bethléem de Jhiérusalem, la somme de 79 livres, 4 sols de 40 gros, pour faire et mettre en l'église du Mont de Syon auprès ledit Jhiérusalem, une verrière aux armes de mondit seigneur et aussi pour ung calixce pour la chapelle de mondit seigneur en ladicte église et que mondit seigneur lui a donné pour avoir ung bréviaire » (f° 143)

l'Orient, fréquenté depuis deux siècles, sans interruption, par les vaisseaux de Flandre. Aussi quand, en 1442, le sultan Amurath II rassembla une nombreuse armée pour passer en Europe et assiéger Constantinople, l'empereur Jean Paléologue, ayant éprouvé l'indifférence de tous les rois de la chrétienté, résolut de s'adresser au prince qu'on appelait dans le Levant le grand duc d'Occident, et de lui demander des secours au milieu des pressantes difficultés où il se trouvait. L'ambassadeur qu'il envoya à Philippe le Bon fut reçu avec solennité et distinction à la cour de Bourgogne à Dijon. Il y séjourna quelque temps pour attendre la réponse du Duc. « Sa longue barbe, ses manières étranges, son adresse à monter à cheval et à tirer de l'arc, étaient, dit de Barante, un grand sujet de curiosité pour la cour ». Le Duc le renvoya comblé de riches présents et le chargea de dire à son maître qu'il allait faire équiper des vaisseaux pour lui porter secours. C'est alors (1442) que le sire Wallerand de Wavrin fut envoyé à Venise avec mission d'y faire armer et équiper quatre galères. D'un autre côté, Geoffroi de Thoisy se rendit à Nice pour y affréter une autre flotte (1).

Le sire de Wavrin a raconté lui-même cette expédition maritime à Constantinople, dans la mer Noire et sur le Danube. Les détails qu'il donne sont complétés par ceux que l'on trouve dans les chroniqueurs Duclercq et Olivier de la Marche ainsi que dans les nombreux documents conservés aux Archives du Nord sur la comptabilité des capitaines des galères. Ces pièces montrent que cette expédition qui prit fin en 1448 fut tout à la fois militaire et commerciale. On peut ajouter même sans aucune hésitation que la piraterie n'y fut point étrangère. Nous ne citerons à ce sujet que le curieux document intitulé : « Déclaration du butin et gaing fait par la carvelle que

(1) Archives du Nord. B. 1983.

mon très redoubté seigneur, monseigneur le duc de Bourgoingne et de Brabant a naguères envoié avec la grant nave en l'ayde et secours de l'empereur de Constantinople, et ce, en la mer Major, ès marches de Tartarie, et vendu par Fastre Hollet tenant le compte de la recepte et despence d'icelle armée ».

Cette déclaration énumère les diverses marchandises achetées, prises, vendues ou échangées dans le cours de la campagne. Elles consistaient en *femmes esclaves*, en fourrures, telles que peaux de loutre, de castor (bièvre), de loup, d'hermine, de renard, d'écureuil, en ballots de soie, de laine, de graine cramoisie (probablement cochenille), de coton, de toile, etc. Ce qui prouve bien que la plus grande partie de ces marchandises provenait de prises faites sur des navires marchands, turcs et autres, c'est que dans le compte, on déduit les sommes remboursées à un certain Perceval de la Porte, négociant chrétien qui faisait le commerce en Orient et dont deux barques chargées de poisson salé avaient été enlevées près de Trébizonde par la caravelle bourguignonne (1).

On peut aussi rapprocher de ce document l'attestation de Wallerand de Wavrin lui-même, certifiant que, « au regard des gains de guerre et des prises faictes par les quatre galléez, elles furent faictes en la mer Majour et au païs de Vellaque », c'est-à-dire dans la mer Noire et en Valachie (2). En définitive, ces courses eurent pour principal résultat la destruction d'un grand nombre de vaisseaux appartenant aux infidèles sur les côtes de Barbarie et de l'île de Chypre, dans l'Archipel et la mer Noire. Geoffroy de Thoisy contribua vaillamment de son côté à faire lever le siège mis devant Rhodes par le soudan d'Égypte et à conserver ainsi à la chrétienté ce poste

---

(1) Archives du Nord. B. 1997.

(2) Archives du Nord. B. 1984.

avancé contre le monde musulman qui ne le lui enleva que plus d'un siècle plus tard. Mais elles furent impuissantes à sauver l'Empire d'Orient qui n'aurait pu l'être que par un vigoureux effort, un véritable soulèvement de l'Europe chrétienne.

Philippe le Bon, seul parmi les princes et les souverains de l'Occident, avait quelque souci des progrès de la puissance turque, beaucoup par zèle religieux et un peu par intérêt pour le maintien des relations commerciales de la Flandre avec l'Orient. Mais les tentatives qu'il fit pour former une ligue générale des princes chrétiens et se mettre à sa tête afin de repousser cette nouvelle invasion musulmane, n'eurent pas de succès. Lui-même, d'ailleurs, devait bientôt être de nouveau absorbé par les préoccupations politiques qu'allaient lui donner la reprise des hostilités entre la France et l'Angleterre et le soulèvement des Gantois.

Cependant la nouvelle de la prise de Constantinople, suivie bientôt de l'appel direct adressé par le pape Nicolas V au duc de Bourgogne pour qu'il prît l'initiative d'une croisade ayant pour but d'arracher à Mahomet II sa récente conquête, vint ranimer tous ses sentiments de sympathie pour les chrétiens d'Orient et son désir de les délivrer du joug des infidèles. Ce fut alors (février 1454) qu'eurent lieu à Lille ces fêtes et ce banquet dit du Faisan où Philippe le Bon fit vœu « à Dieu premièrement, puis à la très-glorieuse vierge Marie, aux dames et au faisan (1) », de marcher en personne contre les Turcs, vœu qui fut imité par tous les seigneurs présents. A partir de ce moment on s'occupa sérieusement dans les Conseils du Duc des préparatifs financiers, diplomatiques et militaires d'une grande expédition à diriger sur Constantinople. Des difficultés, sans

---

(1) Nous donnons aux pièces justificatives le texte du vœu du Faisan, d'après une copie de l'époque conservée aux Archives du Nord.

cesse renaissantes, soit avec Charles VII, à cause de l'asile accordé au Dauphin, soit avec les villes flamandes, s'opposèrent pourtant à l'exécution immédiate de ce projet qui devait, d'ailleurs, être mûri longuement pour pouvoir réussir.

Cependant, vers 1456, le Duc crut un instant qu'il allait pouvoir se mettre en route avec ses chevaliers et ses troupes. C'est alors que son Conseil dressa un mémoire très bien étudié sur les moyens et les mesures à prendre pour mener l'entreprise à bonne fin.

Ce mémoire très intéressant, non-seulement pour l'histoire particulière du duc de Bourgogne, mais aussi pour celle de l'art militaire au commencement des temps modernes, est intitulé : « S'ensuit ce qui est advisé qui se doit mettre à exécution pour le voyage de Monseigneur le Duc (en Turquie) ». Il paraît avoir été rédigé à L'Écluse au mois de janvier 1457 (1). Nous allons essayer d'en résumer fidèlement les principales dispositions.

II.

On est porté d'abord à rechercher quelles furent les sources où le Conseil du duc de Bourgogne dut puiser les renseignements qui lui étaient nécessaires pour rédiger ce plan de campagne. Vers cette époque (1455), Jean Miélot, chanoine de St-Pierre de Lille, venait de traduire « l'Avis directif pour faire le passage d'Oultre-Mer », composé en 1332 par le frère Brochart de l'Ordre des Frères Prêcheurs (2). Mais cet ouvrage qui datait alors de plus d'un siècle ne

(1) Archives du Nord. Chambre des Comptes de Lille. Carton de 1457.

(2) Manuscrit du Fonds français de la Bibliothèque Nationale N° 9087, publié par M. le chevalier de Reiffenberg dans son édition du Chevalier du Cygne Monuments pour servir à l'histoire des provinces de Namur, de Hainaut et de Luxembourg. Tome IV, p. 226-312.

pouvait plus servir de base sérieuse à un projet pratique d'expédition en Orient.

Un mémoire beaucoup plus technique, ayant pour titre « Advis pour faire conqueste sur le Turcq, à la correction des saiges » (1), avait été déjà rédigé, probablement à la demande du duc de Bourgogne, par un personnage qui semble avoir connu à fond la géographie et le climat des pays formant aujourd'hui la Turquie d'Europe ainsi que le caractère et les mœurs des diverses populations qui les habitaient. Après avoir passé en revue les circonstances de nature à favoriser ou à contrarier l'expédition projetée, il concluait à rejeter le plan de la marche de l'armée par terre comme devant entraîner de grandes difficultés et pouvant provoquer un désastre semblable à celui de Nicopolis. Il voyait aussi de sérieux dangers dans une descente soit en Morée, soit sur les côtes de Thessalie. Il recommandait, au contraire, l'embarquement de l'armée sur des galères qui vogueraient directement vers Gallipoli et Constantinople. La prise de ces deux villes devait, en effet, faire crouler la puissance turque à laquelle la perte d'autres cités, voire même de provinces importantes, ne porterait qu'une atteinte secondaire. Il vaut mieux, disait-il, s'en prendre à la racine qu'aux branches. Il terminait en engageant le duc de Bourgogne et les princes qui le seconderaient dans son entreprise, à faire l'acquisition des galères et des caravelles nécessaires au transport des troupes plutôt que d'employer celles frétées par les Vénitiens, car « quand on arme par eulx, si on prent navire, tout le gaing est à eulx, excepté la navire qui demeure au seigneur tant seulement; et pareillement si l'on prent chasteaulx ou villes, ilz veuillent avoir tout le pilaige et ne demeure au seigneur que les maisons vuides, sans toutesfois, quelque gaing qu'ilz facent, riens vouloir rabatre de leur soulde, et par ainsi ilz ont tout

(1) Archives du Nord. Chambre des Comptes. Carton de 1455, N° 15908. Voir aux Pièces justificatives.

l'avoir d'amis et d'anemis, car ilz n'y valent pou et n'y a nulle ordonnance en eulx ne que en pourceaux ».

L'auteur de ce mémoire témoigne d'une connaissance si exacte de l'Orient qu'on pourrait être tenté de l'attribuer soit à Wallerand de Wavrin, soit à Geoffroi de Thoisy qui tous deux naviguèrent et combattirent si longtemps dans l'Archipel, dans la mer Noire et sur le Danube.

Cependant, les conseillers du Duc ne paraissent pas avoir fait de très nombreux emprunts à ce travail, qui, en somme, n'examinait le projet d'expédition qu'au point de vue général. Au contraire ils s'attachèrent à en régler la marche jusque dans les plus minutieux détails et l'on peut dire que sous ce point de vue le plan qu'ils tracèrent est une œuvre tout à fait originale et qui ne laisse pas de surprendre un peu quand on songe qu'elle fut conçue au XVe siècle, à une époque où l'art militaire moderne était encore dans l'enfance.

Ils estiment, d'abord, qu'il est nécessaire de prévenir tous les chevaliers qui ont fait vœu avec le duc de Bourgogne d'aller en Orient, d'avoir à se tenir prêts à partir au premier appel, car il peut être très prochain, quoique les nouvelles reçues tant du roi d'Aragon que de l'Empereur, ne permettent pas encore de fixer d'une manière certaine l'époque du départ. Quant au nombre de gens d'armes et d'archers que le Duc devra enrôler, il dépendra du montant des aides allouées par ses divers États, montant qu'il est important de connaître le plus tôt possible.

Il semble que le lieutenant général du Duc dans le commandement de l'expédition doit être désigné de bonne heure afin qu'il puisse lui-même se pourvoir d'officiers aptes à le seconder. Le comte d'Étampes (1), de l'avis du

---

(1) Jean de Nevers, fils de Philippe de Bourgogne, cinquième fils lui-même du duc Philippe-le-Hardi. Le comte d'Étampes était donc le cousin germain du duc Philippe-le-Bon

Conseil, convient parfaitement pour ces fonctions. Comme l'armée se composera de soldats de diverses *langues* ou nations, il faudra choisir des chefs particuliers pour chacune d'elles. Cette désignation ne pourra toutefois avoir lieu avant qu'on ne soit fixé sur le nombre de ces nations et sur celui des seigneurs qu'elles comprendront. Quant aux finances, le Duc établira un prud'homme ou notable chargé de faire procéder à la levée des aides accordées par les États des divers pays pour la croisade, y adjoindre les deniers provenant du trésor du Duc et destinés spécialement par lui à cet objet, enfin de centraliser toutes les sommes ainsi produites entre les mains du receveur qui sera chargé de les distribuer et dépenser conformément à l'avis des gens de la Chambre des Comptes et du Conseil des Finances.

Le maître de l'artillerie devra être mandé le plus tôt possible pour procéder à la visite de l'artillerie qui se trouve dans les Pays-Bas. S'il la trouve insuffisante on y pourvoira immédiatement. Quand un état complet en aura été dressé, il sera soumis au Duc qui indiquera le nombre et la nature des pièces d'artillerie, armes, engins, etc., qu'il compte emmener dans l'expédition. Le surplus sera inventorié et restera dans les Pays-Bas sous la garde du lieutenant du maître de l'artillerie qui en aura l'inventaire dont le double sera aussi entre les mains du maître. Ainsi lorsque ce dernier dans le cours de la campagne estimera nécessaire de faire venir de nouvelles pièces des arsenaux des Pays-Bas, il pourra facilement, grâce à l'inventaire, les désigner à son lieutenant. Le maître de l'artillerie aura à sa disposition vingt lances de gens d'armes, soit 80 hommes, pour l'aider dans ses fonctions.

Quant aux artilleurs, charpentiers, maçons, forgerons, pionniers, mineurs et manouvriers, on estime qu'il en faudra cinq ou six cents, munis de tous les outils nécessaires, armés (1) et *embastonnés* (2), de manière à combattre au besoin et recevant la même solde que les archers. Ils seront répartis tant à l'avant-garde, que dans le corps principal et à l'arrière-garde, ainsi que le maître de l'artillerie le trouvera le plus convenable. Quelques conseillers pencheraient pourtant pour placer les pionniers sous le commandement d'un chef spécial indépendant du maître de l'artillerie.

Les maréchaux devront être au nombre de trois : un pour l'Hôtel du Duc, un pour les *langues* d'Allemagne et le troisième pour le reste de l'arméo. Les seigneurs paraissant le mieux convenir pour remplir ces fonctions sont : MM. de Moreuil, de Hunières, Baudes de Noyelles, François l'*Arragonnais*, de Contay, de Menthon, d'Espières, de Bergues et le *Liégeois* de Hunières. Comme prévôts des maréchaux, le Conseil indique : Jean de Bonem, Évrard de Brimeu, Guillaume de Cuinsy, Maillard de Ricamez, Digne de St-Paul, Chenèvre et Antoine de Laviron ; pour la conduite des équipages : Louis de Masingues, le bâtard de Rosin et Frédéric de Meynyeesrent.

Le conseil que le Duc emmènera avec lui pour prendre journellement son avis, sera composé comme il le voudra, mais devra comprendre au moins huit conseillers nobles et quatre clercs dont quelques-uns parleront l'allemand afin de pouvoir remplir les missions et les ambassades qui se présenteront. Il y aura quatre secrétaires dont deux sauront le latin et le haut allemand et les deux autres le latin, le français et le flamand (*le thiois de Pardeça*).

Il semble que le Duc doit dès maintenant s'occuper de la nomination des prêtres qui composeront sa chapelle afin qu'ils puissent faire leurs préparatifs et se pourvoir de serviteurs armés de *brigandines* (3.)

---

(1) C'est à dire cuirassés.

(2) Armés de piques.

(3) Sorte de cotte de mailles.

Les officiers de l'Hôtel devront être assemblés le plus tôt possible et donner leur avis par écrit sur le personnel que le Duc devra emmener avec lui. Il sera choisi surtout parmi les hommes pouvant au besoin combattre et on n'y adjoindra aucune personne inutile.

Il conviendra d'envoyer au moins quinze jours ou trois semaines à l'avance des personnages du Conseil dans les villes que le Duc aura à traverser, afin de préparer les logements, de faire provision de vivres et d'autres choses nécessaires, le tout avec ordre et en évitant toute contestation. Lorsqu'une décision aura été définitivement prise sur la route à suivre pour se diriger sur l'Orient, des lettres du Duc devront être adressées au moins deux ou trois mois d'avance aux princes et souverains des pays où il comptera passer afin de les prévenir de sa prochaine arrivée.

Les maréchaux établiront des officiers qui seront chargés avec un de leurs prévôts, de rester en arrière jusqu'au passage des dernières troupes, afin de recevoir les plaintes et les réclamations qui pourraient se produire et de leur donner, s'il y a lieu, satisfaction.

Le Conseil étudie ensuite les deux routes qui peuvent être choisies pour se diriger sur Constantinople, l'une par l'Italie et la Grèce et l'autre par l'Allemagne.

En admettant le choix de la première, le rassemblement général de l'armée devra avoir lieu à Châlon-sur-Saône. Pour concentrer sur ce point 4,000 archers, deux cents chariots seront nécessaires. Arrivés à Châlon, ces chariots seront renvoyés et on se procurera un nombre de bateaux suffisant pour transporter l'infanterie, tant archers qu'autres soldats, une partie de la cavalerie de Picardie, l'artillerie et les bagages jusqu'à Aigues-Mortes. Là on revendra les bateaux qui ne pourraient remonter le Rhône. On peut espérer même faire quelque profit sur cette vente. La conduite de ces bateaux de Châlon à Aigues-Mortes devra être placée sous le commandement d'un chef unique qui en aura la pleine et entière direction. Quant aux chariots qui auront amené jusqu'à Châlon l'écurie du Duc, les bombardes et les ribaudequins, comme on ne peut s'en passer, ils seront démontés et placés ainsi sur les bateaux.

Il conviendra de se procurer à Aigues-Mortes, à Nice, à Marseille ou dans un autre port de la côte provençale, dix à douze gros vaisseaux (*grosses naves*) qui seront utilisés par le Duc pour conduire ses gens et ses bagages jusqu'en pays ennemi. Le fret de ces navires sera à peu près égal à la dépense faite pour les chariots.

Le reste des gens d'armes ou cavalerie de Picardie suivra avec le Duc la route de terre, emmenant les chevaux des cavaliers embarqués à Aigues-Mortes avec les archers. Il en sera de même pour la gendarmerie de Bourgogne qui accompagnera aussi le Duc. Celui-ci aura besoin dans son trajet par terre, à défaut des chariots abandonnés à Châlon, de mules et d'autres bêtes de somme pour le transport des bagages non embarqués, car les chariots ne peuvent traverser les Alpes. Les frais occasionnés par l'emploi de ces bêtes de somme seront à la charge des chevaliers qui s'en serviront.

Les pionniers, charpentiers, maçons et mineurs, ou du moins une partie d'entre eux, marcheront avec cette gendarmerie afin de travailler aux routes à tracer et à mettre en état ainsi qu'aux abris à construire quand besoin en sera.

C'est dans ces conditions que l'armée ira jusqu'au royaume de Naples et au port où elle devra s'embarquer. Elle pourra être divisée en deux corps dont l'un passera par le mont Cenis et l'autre par le St-Bernard pour que les chemins soient moins encombrés et le ravitaillement plus facile. Ces deux corps se réuniront devant Milan pour de là se diriger sur Rome. Il semble convenable aussi de donner un chef particulier aux pionniers qui seront toujours d'une journée en avance sur le gros de l'armée afin de rendre les chemins praticables.

Si le Duc choisit la route d'Allemagne pour marcher sur Constantinople, toute l'armée devra être rassemblée à Ratisbonne et aux environs de cette ville, pour de là descendre le Danube (la Dunoë). Les troupes composant cette armée se rendront à Ratisbonne, par les voies suivantes : 1° celles de Bourgogne passeront le Rhin aux ponts de Bâle et de Brisach pour se concentrer à Ulm ; 2° celles de la Picardie, du Hainaut, du comté de Namur, du Brabant, de la Flandre et du Luxembourg, traverseront la Lorraine, passeront le Rhin à Strasbourg et de là se dirigeront sur Ulm pour y rejoindre celles de Bourgogne ; 3° les troupes de la Hollande et de la Zélande et des autres pays rhénans se réuniront à Cologne pour remonter le Rhin jusqu'à Spire, puis de là, en traversant la Souabe, gagneront Ulm. Toutes ces troupes ayant fait leur jonction sur ce point s'avanceront ensuite sur Ratisbonne à travers la Bavière dont les cours d'eau, affluents du Danube, pourront fournir le nombre de bateaux nécessaire au service de l'armée.

Il conviendra, en effet, de se pourvoir d'au moins 300 bateaux pour l'embarquement des gens, chevaux, bagages et chariots démontés. On estime que chaque bateau pourra transporter 24 à 30 chevaux, 100 hommes et deux chariots, avec les vivres et les bagages afférents à l'équipage. Chaque bateau coûtera approximativement 50 florins du Rhin. Il faudra envoyer cinq ou six mois à l'avance des gens sur les lieux pour faire construire et réunir ces embarcations. Si le temps manquait pour s'en procurer ainsi 300, on se contenterait de 100 qui suffiraient au transport des gens de pied, des chariots démontés, des bagages et des meilleurs chevaux ; les autres seraient menés en main.

Si l'armée se divise ainsi, la partie qui longera par terre la rive du fleuve, devra chaque soir, autant que possible, camper à l'endroit où les bateaux seront arrivés. Ceux-ci auront donc à régler leur marche en conséquence. Dans le cas pourtant où l'on réunirait un nombre d'embarcations suffisant pour transporter toute l'armée, cela serait préférable, car on arriverait ainsi un mois plus tôt sur le pays ennemi. Il en résulterait l'économie d'un mois de solde. Enfin, il est probable que l'armée étant divisée comme on vient de l'indiquer, la partie voyageant par terre n'arriverait à Belgrade que quinze jours après celle qui aurait été embarquée. Le trajet par eau de Ratisbonne à Belgrade peut être effectué en moins d'un mois. Au contraire, le voyage mi-partie par eau et mi-partie par terre, en prendra deux et peut-être davantage.

Belgrade étant la dernière place sous la domination de la Hongrie, on pénetre alors sur les terres appartenant au despote de Servie. On devra s'entourer des conseils des gens connaissant ces pays pour la direction de l'expédition à partir de ce point.

C'est à Belgrade aussi que se concentreront toutes les troupes étrangères tant d'Allemagne que de Bohême et de Hongrie; là le Danube sera abandonné pour marcher directement par terre contre l'ennemi.

Quant à la manière dont il devra être procédé à la levée des gens de guerre et aux dépenses qui en résulteront, la Picardie et les Marches des *Pays de Pardeça* (le Réthelois, le Cambrésis, la Thiérache, la Flandre, etc.) fourniront 400 lances à trois chevaux par lance (l'homme d'armes, son valet armé de corset ou brigandine, d'une langue de bœuf (sorte de hallebarbe) ou d'une autre pique (*bâton*) à l'avenant et un grand page), recevant 15 écus par mois, soit pour les 400 lances 6,000 écus par mois; — 4,000 archers à pied payés trois patars chacun, par jour, soit par mois 15,000 écus, avec 200 chariots pour le transport de leurs bagages, à 12 patars le chariot par jour, soit 3,000 écus par mois. Ces chariots iront jusqu'à la Saône, si on prend la route d'Italie, et jusqu'au Danube, si on adopte celle d'Allemagne. Ils mettront pour se rendre depuis les Flandres, le Brabant, la Picardie et le Hainaut sur la Saône ou sur le Danube environ un mois. Les 4,000 archers et les 200 chariots coû-

teront donc par mois 18,000 écus qui, joints aux 6,000 pour les 400 lances, forment la somme de 24,000 écus par mois, nécessaire pour le paiement de l'armée de Picardie, d'Artois, de Flandre, de Brabant, de Hainaut et des Marches des *Pays de Pardeça.*

L'estimation des frais de transport de cette armée par bateaux, soit sur la Saône, soit sur le Danube, soit même par mer, sera faite plus loin.

La Bourgogne fournira 300 lances, y compris les gens de l'Hôtel du Duc et autres qui ne seront pas portés sur les rôles, la lance comprenant quatre chevaux, savoir : l'homme d'armes, son page, un valet armé et *embastonné* comme il est indiqué plus haut, avec un crénequinier (arbalétrier à cheval); soit à raison de 20 écus par lance, la somme de 6,000 écus par mois. Chaque lance de Picardie aura sous sa dépendance 10 archers, tandis que l'armée de Bourgogne n'en aura point.

Il conviendra aussi d'avoir cent canonniers ou coulevriniers, cent charpentiers, maçons ou forgerons, cent artilleurs (ouvriers fabriquant et réparant les arcs, flèches, arbalètes, etc.), 300 mineurs ou pionniers, soit en tout 600 hommes de pied, tous armés de piques (*bastons deffensables*), recevant la même solde que les archers, c'est-à-dire 3 patars par jour, ce qui fait par mois 2,250 écus.

Les deux corps d'armée de Picardie et de Bourgogne se composeront donc de 700 lances, comportant, la première 800 et la seconde 900 combattants, de 4,000 archers et de 600 coulevriniers, pionniers, mineurs, etc., formant le total de 6,300 combattants (1) dont les gages s'élèveront par mois à 32,250 écus, non compris les frais de transport par bateaux. Ne sont pas non plus comprises dans cette somme les dépenses de l'Hôtel du Duc, ni celles du transport et de l'entretien de l'artillerie, dont l'estimation ne peut être faite que par des gens compétents.

Il semble aussi nécessaire d'emmener vingt monnayeurs

(1) Les pages étaient déduits du nombre des combattants.

pour frapper le numéraire dont on aura besoin dans le cours de l'expédition.

Au sujet des vaisseaux nécessaires dans le cas où l'on adopterait la route par l'Italie, si l'on veut embarquer à Marseille 500 hommes avec les bagages de toute l'armée, il faudra dix gros vaisseaux (*naves*) d'environ 700 *bottes* (tonneaux) chacun, l'un portant l'autre. Le fret d'un de ces bâtiments sera par mois de 400 à 500 écus, soit en tout de 5,000 écus par mois. Si l'on veut se servir de la baleinière du Duc et se procurer en Portugal 12 caravelles dont l'acquisition coûtera 12,000 écus et qui porteront chacune 200 à 300 hommes avec deux *naves* d'environ 600 tonneaux, valant 2,500 écus pièce, on aura un nombre de navires suffisant pour l'embarquement de la partie des troupes qui doit l'être. Ces caravelles et *naves* coûteront de première acquisition, 17,000 écus. Une fois qu'elles auront été armées et équipées, la dépense pour les vivres et les matelots sera d'environ 2,000 écus par mois, soit en tout 6,000 écus pour le voyage dont la durée sera d'environ trois mois.

Après ce terme, la propriété de ces bâtiments restant au Duc, ils pourront être utilisés comme vaisseaux de guerre pour la course, ou pour le transport des vivres et des autres choses nécessaires à l'armée et pour le passage des gens de guerre venant d'Italie ou y retournant. Ils rendront ainsi de très grands services.

Toute l'armée pourrait de cette manière se rendre par terre jusqu'à Naples. Il suffirait seulement d'envoyer dans ce port l'artillerie et les tentes embarquées dans la baleinière du Duc. Si on craignait de la voir prise par les Anglais, on l'enverrait sur lest jusqu'à Aigues-Mortes et l'on ferait descendre jusqu'à cette ville l'artillerie par la Saône et le Rhône. L'armement et l'équipement de cette baleinière avec les gages des matelots et les approvisionnements coûteraient environ 2,000 écus par mois.

Si l'on prend la route d'Allemagne, il conviendra de réunir sur le Danube 300 embarcations dont la dépense peut être évaluée à 4 florins du Rhin par barque et par jour, soit 15,000 florins par mois. Il en faudra tout au moins 100 pour le transport des bagages, soit une dépense de 5,000 florins. On ne pourra se servir de ces embarcations que jusqu'à Belgrade où elles seront vendues au meilleur compte possible.

Si l'on voulait employer uniquement la voie de terre pour mener tous les archers soit par l'Italie, soit par l'Allemagne, on éviterait ainsi les dépenses de navires et de chariots ; mais il faudrait porter leur solde à 4 patars par jour, soit pour 4,000 archers 20,000 écus par mois.

Le Conseil terminait en priant le Duc de vouloir bien examiner le projet qu'il lui soumettait et de prendre le plus tôt possible une décision sur les différentes manières dont l'expédition pouvait être dirigée, afin que des mesures soient promptement ordonnées en conséquence.

III.

Ainsi qu'on a pu le voir, ce mémoire avait sagement prévu la marche à suivre pour mener rapidement, sûrement et le plus économiquement possible l'armée du Duc en pays ennemi. Le Conseil n'avait probablement pas à déterminer où ni comment le Sultan devait être combattu. Ce soin était réservé au Duc et à son Conseil militaire. Des circonstances graves, la mésintelligence qui éclata tout-à-coup entre Philippe-le-Bon et son fils, le comte de Charolais, la crainte de voir une reprise de la guerre avec l'Angleterre, les instances hypocrites du Dauphin, puis ses intrigues lorsqu'il fut devenu Louis XI, empêchèrent le duc de Bourgogne de donner suite à ce projet. Cependant, un instant vers la fin de l'année 1463, il fut sur le point de se mettre en route pour l'Orient. C'est la voie d'Italie qui avait été choisie, car l'armée bourguignonne devait à Ancône se joindre aux troupes que le pape Pie II y avait réunies. Mais Louis XI, dans une entrevue à Lille, réussit encore à détourner Philippe-le-Bon de l'intention qu'il avait de se mettre à la tête de l'armée d'expédition, prête alors, du moins en partie, à quitter la Flandre. Il le détermina surtout en lui promettant que, s'il voulait remettre son départ jusqu'au moment où l'on serait en paix avec l'Angleterre, il lui fournirait 10,000 combattants pour prendre part à la Croisade. Ce fut cette promese qui décida le Duc à différer encore d'une année.

Cependant, afin de ne pas manquer aux engagements pris vis-à-vis du Pape, Philippe ordonna de faire partir immédiatement une armée de 2,000 hommes, sous les ordres de son fils naturel Antoine, dit le grand bâtard de Bourgogne. Beaucoup de vaillants chevaliers, entre autres les sires de Lalaing et de Bossu, s'embarquèrent avec celui-ci à L'Écluse au printemps de l'année 1464. La flotte, qui portait ces chevaliers et les troupes sous leurs ordres, finit, après avoir été dispersée par la tempête, par se réunir à Marseille. Là ils débarquèrent et attendirent dans cette ville les ordres combinés du Pape et du Duc pour continuer leur route vers l'Italie. Mais la mort de Pie II, les dissentiments qui s'élevèrent aussitôt entre son successeur et les Vénitiens au sujet des préparatifs de la Croisade, les nouvelles hésitations du Duc en présence dés observations de ses conseillers et des gens de ses finances, firent avorter cette expédition et l'armée des Bourguignons qui, avec l'artillerie, s'était concentrée à Avignon, fut obligée, quelques mois après, de revenir par terre dans les Pays-Bas (1).

(1) Nous publions aux Pièces Justificatives les états de l'artillerie et du matériel livrés par les arsenaux de Lille, de Bruges et de Renescure à Pierre de Cressy, écuyer, lieutenant du sire de Moreuil, maitre de l'artillerie du Duc, qui

devait accompagner le bâtard de Bourgogne dans son expédition en Turquie. Lille fournit : 2 mortiers de fer du calibre de 10 pouces avec 200 pierres pour les charger ; 16 petits veuglaires (bouches à feu de plus faible calibre et moins longues que les bombardes et qui se chargeaient par la culasse) destinés à servir sur les navires ; 9 grosses serpentines de fer ; 2 de fonte ; 150 boulets de fer du calibre de 2 pouces et demi pour charger lesdites serpentines ; 885 livres de boulets de plomb ; 60 coulevrines à main avec leurs garnitures ; 40 autres coulevrines de fer à manche de bois ; 600 boulets de pierre du calibre de 3 pouces et demi ; 200 de 3 pouces ; 1,800 de 2 à 3 pouces et 1,300 d'un pouce et demi pour les veuglaires ; 22 caques dont trois dites *hambourgs* (tonneaux servant à renfermer la bière venant de la ville de ce nom) remplies de poudre à canon ; 4 *hambourgs* de salpêtre ; 4,000 arcs à main, en bois d'if, renfermés dans 39 coffres bandés de fer et fermant à clef ; 8,000 douzaines de flèches ferrées renfermées dans 26 tonneaux ; 3,000 douzaines de cordes pour les arcs, renfermées dans 6 gros tonneaux ; 29,300 dondaines (machines de guerre lançant des pierres), demi-dondaines et viretons (petites flèches) pour les arbalètes ; 280 gouges (sorte de pique ou de hallebarde) ; 50 leviers de fer de trois sortes, grands, moyens et petits ; 250 pavois ou grands boucliers peints en rouge avec la croix de St-André au milieu. Bruges livra : 1 serpentine de fonte, longue de 7 à 8 pieds, marquée d'un double G ; 1 autre serpentine de fonte aux armes du bâtard de Bourgogne ; 16 autres serpentines de fonte de différentes sortes, dont plusieurs portaient le fusil de Bourgogne et la devise ducale, pesant ensemble 2,842 livres ; 2 autres serpentines de fer ; 1,882 livres de plomb en masse pour fabriquer les boulets nécessaires à ces serpentines ; 62 arbalètes d'acier, fabriquées à Bruxelles ; 5,432 veuglaires de fer enchassés en bois pour servir sur les navires ; 1,450 pierres de différents calibres pour charger ces veuglaires ; 205 livres de fil d'Anvers, renfermés dans deux tonnelets de bois ; 850 piques de Flandre ; 100 hoyaux de fer à manche de bois ; 100 pics, idem ; 100 louches ; 50 cognées à manche de bois ; 100 serpes ; 1 caque et 1 tonnelet remplis de chausse-trapes ; 80 lanternes de bois ; 50 soufflets ; 10 scies et 4 limes ; 12 marteaux pour casser les pierres ; 200 maillets de plomb ; 50 pelles de bois, ferrées ; 100 pierres de mortier de 10 pouces. On tira du château de Renescure : 20 veuglaires de fer enchassés en bois, livrés à Simon de Lalaing ; 3,000 pierres de différents calibres ; 9 coulevrines à main, en fer et à manche de bois ; le tiers d'une queue de poudre à canon ; 2 queues pleines de traits d'arbalètes ; 12 maillets de plomb ; 1 caque de tampons servant à charger les veuglaires.

Il est probable que d'autres châteaux de Flandre et de Bourgogne fournirent aussi leur contingent de pièces d'artillerie, de munitions et de matériel

PIÈCES JUSTIFICATIVES.

17 février 1454. — *Copie du serment fait par le duc Philippe-le-Bon de se croiser contre les Turcs.* (Archives du Nord. Chambre des Comptes. Trésor des chartes. N° 15907.)

« C'est le veu de Monseigneur le duc de Bourgongne.

« Je voue tout premièrement à Dieu, mon créateur et à la très glorieuse Vierge, sa mère, et en après aux dames et au faisant, que se le plésir du très-chrestien et très-victorieux prince Monseigneur le Roy est de prendre la croisée et exposer son corps pour la deffense de la foy chrestienne et résister à la dampnale emprinse du grant turc et des infidels; et se lors je n'ay léale enferme (1) de mon corps, je li serviray en ma personne et de ma puissance oudict saint voyaige le mieulx que Dieu me donnera la grâce. Et se les affaires de mondict seigneur le Roy estoient telz, qu'il ny peult aler en se personne et son plésir est de y commectre aucun prince de son sang ou autre seigneur chief de son armée, je à sondit commis obéiray et serviray oudit sainct voyage le mieulx que je pourray et ainsi que se luy mesmes y estoit en personne. Et se pour ses grans affaires, il n'estoit disposé de y aler, ne de y envoyer, et que autres princes chrestiens à puissance convenable emprennent ledit saint voyage, je les y accompaigneray et m'emploieray avec eulx à la deffense de la foy chrestienne le plus avant que je pourray pourveu que ce soit du bon plésir et congié de mondit seigneur le Roy et que les pays que Dieu m'a commis à gouverner soient en paix et seureté ; à quoy je traveilleray et me mectray en tel debvoir de ma part que Dieu et le monde congnoistra que à moy n'aura tenu ne tendra. Et se durant ledit saint voyage, je puis par quelque voye ou manière que ce soit, savoir ou congnoistre que ledit grant Turc ait voulenté d'avoir à fere à moy corps à corps, je, pour ladite foy chrestienne soustenir, le combateray à l'ayde de Dieu tout puissant et de sa très doulce Vierge Mère,

(1) Infirmité, maladie.

lesquelz je appelle tousjours en mon ayde. Fait à Lille, le XVII[e] de février l'an de l'incarnacion Nostre Seigneur mil IIII[c] LIII (1). Signé de ma main, Philippe. »

(Copie de l'époque.)

Advis pour faire conqueste sur le Turcq à la correction des saiges. (Archives du Nord. Chambre des Comptes. Trésor des Chartes. N° 15908.)

Et premièrement est de nécessité de congnoistre qui sera le plus honnorable et proffitable pour faire ladite conqueste, ou soy prendre aux branches ou à la racine. Pour lesdictes branches, j'entens de soy prendre devers la Hongrye ou la Valaquye, Servye, Rassye, Harbanye, La Morée et plusieurs autres pays frontisans à la Rommenye. Et pour la racine j'entens Constantinoble et Garipoly, comme cy après sera desclairié.

Item, est de neccessité de soy mesmes congnoistre les siens, la condicion et la manière d'iceulx et pareillement de congnoistre la condicion et manière de faire et de vivre de ses ennemis comme cy après aucunement sera desclairié.

Item, et pour ce que pluseurs pourroient donner pluseurs advis, les aucungs par ung chemin et les autres par autres, les ungs selon qu'ilz l'ont veu et les autres selon le mal qu'ilz souffrent non ayant regard aux autres, lesquelx pareillement souffrent et sont en dangier dudit Turcq comme eulx ; me semble que devez oïr ceulx qui en doivent savoir parler, non ayant regard à secourir espécialement à quelque particulier damaige, mais devés tendre à secourir généralment à tous lesdits oppressés. C'est assavoir dalez le chemin par lequel plus légièrement pourrés parvenir à la destruction dudit Turcq, qui sera le général alégement de tous lesdits oppressés. En oyant comme dist est tous ceulx qui en doivent sçavoir parler. Et les avoir oyz vostre noble discrécion pourra eslire le plus proffitable et convenable chemin.

Item, pour ce que l'on dist communément que à l'enfourner on fait les pains cornuz, nous pourrons anfourner et ancommencer de telz costez que

(1) Ancien style, l'année commençant à Pâques ; 1454, nouveau style, l'année commençant au 1er janvier.

quelque puissance que ayons, nous ne pourrons parvenir à nostre intencion. Et par telz costé pourrons enfourner que à maindre puissance la moitié pourrons parvenir à nostredite entencion, comme par pluseurs raisons une partie vous seront cy après desclairié.

Et pour commencer selon mon entendement nostre matière, j'entens que pour entrer en ladite conqueste par aucungs desdits pays, l'on y entrera conquérant tousjours devant luy les villes et fourteresses. Car que autrement y entreroit l'on se trouveroit devant, derrain et de tous costez environnez de ses ennemis, pour quoy l'on puet clèrement congnoistre que l'on n'auroit de vivres fors seulement ceulx que l'on menroit avec luy. Lesquelx comme chascun scet seroient tost despendu. Car comme povez penser noz annemis les yront dégastant et exilant audevant de nous, pourquoy tantost famine.

Item, pour ce que les aucungs ont inmaginacion que lesdits Turcqs du premier cop donront bataille, ilz puet bien estre et supposé qu'il soit ainsi, il fault en ce congnoistre leur condicion et manière de faire comme dist est. C'est assavoir que pour nous esprouver ilz se mectront en bataille devant nous, et au premier front mectront cent mille populaire, lesquelz ilz sont conteus de perdre, pour veoir nostre convine (1) et nous mectre en désarroy si puent, car ilz scevent bien que s'ilz nous puent mectre en désarroy que jamais n'y a reliement. Pour quoy leur principale entente sera de nous y mectre et eulx au contraire, car légièrement se rompent et incontinant se ralient. Et si voient que nous monstrions visaige en tenant bon herroy (2), soyez seur que leurs gens d'armes se recuilliront la plus part et se sauveront, car ilz ont bon eul (3) pour congnoistre le couraige de leurs ennemis.

Item, quant ilz nous auront esprouvez et qu'ilz congnoistront que la bataille ne leur sera pas propice pour ce qu'ilz scevent qu'ilz ne sont pas armés ne habillés comme nous, pour quoy ilz ne pourroient soubstenir le fais de la bataille sinon qu'ilz nous puissent mectre en désarroy, ilz nous traveilleront en pluseurs manières en nous chevaulchant et esquarremuchant par esquadres (4), dont les ungs se reposeront aux montaignes et sur les rivières où il aura pasturaige pour leurs chevaulx et les autres seront entour nous. Et quant ceulx seront lassez ilz s'en iront reposer et repaistre

(1) Conduite, manière d'agir et de combattre.
(2) Bonne contenance.
(3) Œil.
(4) Escadrons.

leurs chevaulx et les autres retourneront et ainsi nous fauldra estre continuellement armés et ensamble ou autrement avoir dommaige, et quant nous cuideront dormir et reposer, ilz nous resveilleront.

Item, et se nous ordonnons une bonne rotte pour leur courir sus, tant que les chasserons ilz se mectront devant. Et incontinant que retournerons, au son de leur tabouz, ilz se rassembleront et nous remerront jusques au loigis où se nous leurs voulons tenir esquarremusche, c'est ce qu'ilz demandent pour nous travaillier et dommaigier. Et se cent fois le jour les mettons en chasse, cent fois se ralieront et se noz chevaulx ne sont armés (1) peu en eschapera de ladite esquarremusche, car ilz sont tous archiers et tirent autant à cheval que à pied, bien droit et dru.

Item, quant desloigerons pour aler d'un lieu à autre, pensés quel traing et combien long sera le charroy qu'il conviendra avoir pour mener noz vivres, nostre artilerie, nos tentes et pavillons et autres choses neccessaires et quelle confusion se sera. Et que quant trouverons ung estroit passaige, desquelz en y a assez, quelle perte y pourrons recepvoir. Car en ce temps devons savoir que serons bien environnez de noz ennemis. Et se pour garder nostre charroy nous séparons nostre puissance (2) en les mectant devant, derrein et ou milieu, comme faire le conviendra, ou les perdre, ymaginez quel avantaige nous donrons à noz ennemis.

Item, se y entrons devers la Morée et ces autres pays de pardelà, ilz ont accoustumés de pourter leurs biens d'un lieu en autre sus mules, mulez, asnes et autres bestes. Et n'ont ne chars ne charrettes, ne bestes accoustumées de ce faire, et pour ce nous conviendroit le tout mener de de pardeça, or advisez quelle confusion.

Item, est assavoir que ledit plat pays est mal maisonné pour logier chevaulx, car pour ce que oudit pays incontinant que les blefz sont recuilliz ilz les batent et portent le grain en leurs maisons et par ainsi n'ont nulles granges et aussi les asnes, jumens, hongres et autres bestiaulx gisent la plus part du temps aux champs. Pourquoy conviendroit noz chevaulx gésir à l'er (3) et à la rousée qui est grande oudit pays. Et les fauldroit paistre, car il ne seroit pas possible de mener tant de tentes que pour les loigier à

---

(1) Revêtus d'armures.
(2) Nos forces.
(3) Air.

couvert, ne tant de fourraige qui leur en fauldroit et noz ennemis nous garderont bien d'aler loing forraigier se ce n'est à grant puissance, pour quoy povez penser que en brief temps en lieu de bons chevaulx aurons de meschans roignes (1).

Item, on me pourroit faire une question pour quoy nous ne pourrons entretenir noz chevaulx comme les Turcqs font les leurs et nous vivre comme eulx ; responce pour ce que tous leurs chevaulx sont ongres et tantost que l'on leur oste la bride ilz se mectent au paistre sans eulx combatre ne mouvoir et ne se morfondent point. Et avec ladite pasture leur donnent ung peu d'orge qu'ilz portent avec eulx et ainsi les tiengnent pour bien repaissus et lesdits Turcs d'un petit saichet de farine qu'ilz portent pareillement avec eulx. En telle neccessité ilz se passent avec ung peu de laict si le treuvent et vous savez que qui desbridera noz chevaulx pour paistre ilz ne se feront que combatre, hany et eschauffer et par conséquant morfondre. Et nous autres, veuee nostre accoustumance, ne nous pourrons passer comme lesdits Turcs.

Item, une autre question me pourriés faire pour quoy ne nous viendront de combatre aussi bien que ilz font les Hongres (2) quant ilz entrent en leurs pays ; responce, pour ce que quant lesdits Hongres sont en armes si l'en y a vingt mille il n'en y aura que mille bien armés à leur guise, le demorant sera populaire et se l'un a ung arc il n'aura point de flesche, l'autre aura une espée sans gaingne. Et ainsi mal en point tousjours ont il deux yeulx, l'un regardant devant et l'autre derrain ; cellui devant pour regarder se leurs ennemis chancellent ou veullent fuir, et en ce cas seront crueulx, l'autre eul pour ragarder derrain pour eulx enfuir se leurdite bataille chancelle, ne tant ne quant, et pour telz les congnoissent lesdits Turcs.

Mais ceulx de ces marches ilz les congnoissent pour vaillans hommes, fors armés et montez et gens bien à redoubter ; aussi congnoissent bien qu'ilz sont gens déliquatz et norris déliquatement, légiers a eslever et tantost tanés. Et que en les travaillant de jour et de nuyt et en leur hostant les vivres, tant pour le changement de l'aer, le grant travail qu'ilz auront et le povrement vivre et gésir, de deans brief temps ilz se descoraigeront et encherront en maladie et par conséquant en mortalité qui est la destruction de toutes armées, pour quoy est à doubter qu'ilz ne nous com-

(1) Galeux.
(2) Hongrois.

batront jà s'ilz ne nous treuvent en désarroy ou trop à leur avantaige. Et pour ce qu'il me semble que toute vostre asseuranse est d'avoir la bataille, se eulx qui sont subtiz et malicieux ne nous veulent conbatre, mais nous faire la guerre guerriable qui sera comme dit l'Italien : A la dura, pensez se noz gens et argent ne pourront tant durer que ladite guerre soit finée. Et pour ce, nous est de neccessité de les prundre par tel bout que soit qu'ilz nous combatent ou non, que en brief temps, Dieu aidant, ayons la fin de nostredite conqueste.

Item, est assavoir que quant les autres Sarrazins sauront que nous serons descenduz par ung desdits pays, ilz seront asseurez de nous, car ilz verront bien que par là nous ne leurs pourrons nuyre et par ainsi de tous les pays sarrazinois viendra ayde ausdits Turcs. Les ungs par aliance, les autres pour leur honneur avancer, les autres par dévocion et ceulx de Turquie y viendront par la contraincte de leur seigneur. Et à plus orront (1) que aurons grande victoire sur lesdits Turcs et plus grande ayde leur envoyeront lesdits princes affin de illes norrir la guerre, car ilz se doubteront que se avions conquesté ledit Turc, que après les yrions visiter, et pour ce éviter et plus le verront en dangier et plus luy aideront.

Item, pour ce que aucungs dient que n[o]stre armée de la Morée en tirant contre Constantinoble ira rivetant la mer et que noz navires iront pareillement en nous tosjours refreschissant de vivres ; saulve leur révérence, il n'est pas possible qui ne pourteroit le vent en sa manche, car en la pluspart de ladite marine (2) sont gouffres, esquelx se vosdits navires entroient n'en pourroient issir jusques le vent qui les y manroit viendroit contraire. Et se ledit vent duquel ilz y entreroient s'effourçoit, se seroit pour aler lesdits navires au travers en terre d'ennemis ou seroit leur perdicion totale. Et en oultre fault considérer que costingent (3) ladite marine en une grande partie d'icelle sont grandes montaignes et bien estrenges passaiges par lesquelx ne seroit pas possible d'y passer armée anemye dudit pays.

Or supposons que nous avons conquestée toute la Romenye, réservé Constantinoble et Garipoly, qui est la racine de toute ladite conqueste et lesquelles villes ne se puent conquerre sans grande armée par mer, considérés ce que aurons conquestés, c'est assavoir ung bien grant pays dont le

---

(1) Sauront.
(2) Mer.
(3) Côtoyant

plus part des villes sont sans fermeture, peuplées de Gretz, qui sont gens sans couraige, obéissans au plus fort. Et lesquelx ont les Latins en cy grande ayne qu'ilz ayment trop plus chiers estre subgetz ausdits Turcs que ausdits Latins. Et que quant délaisserons ledit pays et ny laisserons puissance plus grande que toute ladite Turcquye avec leurs aliez qui seroit trop forte chose d'y laissier si grande, incontinant ledit Turc y repassera à toute sa puissance et subit aurons perdus tout ce que aurons conquesté.

Pour quoy me semble que pour le plus honnorable et proffitable à nostre avantaige et désavantaige de noz ennemis et abréviation de ladite conqueste, nous nous devons prendre à ladite racine qui est Constantinoble et Garipoly, car en les conquestant nous avons tout conquis et en les délaissant nous n'avons riens conquis. Et séparerons leurs puissances pour ce que ceulx de Turquie ne pourront secourir à ceulx de la Rommenye, ne ceulx de la Romenye à ceulx de la Turquie; dont la puissance dudit Turc sera moult afoiblie et plus de la moitié, car ces deux puissances ne pourront secourir l'une l'autre et si n'aura nulz secours des autres princes sarrazins, car chascun d'eulx doubtera avoir le fais de vostre armée sur luy comme faire le pourriés..

Item, en conquestant lesdites deux villes nous ne laisserons en ladite coste ung tout seul lieu pour tenir navires que l'on ne leur oste, excepté ung petit chastelet lequel sera légièrement pris et par ainsi lesdits Turcs ne pourront passer d'un costé à l'autre sans vostre sauconduit, pourquoy povez veoir que en tenant le siège devant ledit Constantinoble leur puissance sera beacop maindre que se nous y entrions par nulles desdites branches et se combatre nous doivent, les contraignons à nous combatre à trop maindre puissance et plus à nostre avantaige que par quelque autre bout que les puissions prendre et nos gens seront au commancement et ou plus fort de leur courage, ainsy faisant les occuperons au plus fort et au plus proffitable de ladite conqueste.

Item, aucungs dient pour quoy ne povons aussi bien passer ladite Romenye comme jaidis firent Goddefroy de Buillon et les autres princes. Responce. Pour ce que oudit temps ledit pays estoit ès mains des chrestiens Gretz, lesquelz les laissèrent passer paisiblement en leurs administrant vivres pour leur argent jusques au derrain que ilz firent conspiracion contre eulx de laquelle ilz décheurent. Car ilz estoient Gretz sans vertus, ne nulle vigueur et non pas Turcs, lesquelx sont hommes et ausquelx nous aurons à faire.

Item, on me pourroit dire que lesdits princes passèrent aussi bien par la Turquye (1); responce : lesdits Turcs l'an devant comme plus à plain est contenu en la cronique, avoient conquis ladite Turquye et encoires y estoient estranges, non obstant ce, lesdits princes y firent de grandes pertes et merveilleuse mortalité sordy en eulx. Et ce n'eust esté évident miracle, tous estoient perduz, lesquelx nulz ne se doit présumer si bon que Dieu les face pour luy.

Item, aucungs pourroient dire que, en ce faisant, ilz ne pourront mener nulz chevaulx et pour leur y respondre : y n'en y fault point, sinon pour les corps des princes et grans seigneurs. Car se on les y avoit on ne pourroit trouver vivres pour tant de chevaulx et fauldroit qu'ilz morissent de fain. Mais après lesdites deux villes conquises il en conviendra avoir et en pourra l'on faire venir de Cécille (2), de Puille (3), d'Ongrye et d'autre pays.

Item, aucungs pourroient demander quant cesdites deux cités seroient conquises qu'elles pourroient trop couster à garder. Et pour leur respondre je leur monstreray clèrement qu'elles vauldront en demainne largement pour paier grandement de sodayers souffisaument pour les garder et faire guerre à leurs ennemis.

Item, est bon à savoir que quant les princes voisins audit Turcq, sur lesquelx il a faicte conqueste comme les Roys de Hongrye, de Bossonye, le dispot de Servye, celluy de Rassye, les seigneurs de Waulasque et ceulx de Larbanye, que quant ilz verront lesdits Turcs en telle perplexité ilz se parfourceront à tout leur povoir de reconquerre ce que ledit Turc a conquis sus eulx et de luy faire guerre. Pourquoy de legier pourrons recouvrer ladite Rommenye, veu que, comme dessus est dit, la plus part des villes ne sont fermées et peuplées de gens de petit couraige, obéissans au plus fort.

Item, de la manière de l'assiègement dudit Constantinoble en véant la scituacion dont avez la painture (4) chascun homme de guerre en pourra dire son advis et j'en diray voulentiers le mien avec eulx.

---

(1) L'Asie Mineure était occupée en partie par les Turcs Seldjoucides à l'époque de la première Croisade.

(2) Sicile.

(3) La Pouille.

(4) Le plan.

Item, ymaginés à quant grandes missions, paines et travaulx nous menrons par terre, noz vivres, artileries, bombardes, tentes, pavilons et autres cent choses que nous seront neccessaires, laquelle chose me semble impossible et laquelle chose se conduira par mer bien légièrement et trop à mains (moins) de despans.

Item, par vosdits navires pourrés mener toutes voz gens d'armes à meilleur marchié beaucop que par terre, et serés hors du dangier des débas et questions que ou chemin par terre pourroient sourdre et advenir. Et sans avoir disette de vivres, ne d'estre mal couchiés, ne avoir grant travail, lesquelles choses tous conquérans doivent éviter tant qu'ilz puent pour entretenir leur ost en santé. Et se aucungs desdits gens d'armes sont malades en ladite mer, ce ne sera que santé pour eulx quant ilz seront descendus en terre, laquelle, tant sauvaige soit, leur sera belle quant ilz l'y seront descenduz et se trouveront tous frez et alègres ou ilz seroient tous lassez et rompuz de couraiges avant que ilz l'y fussent par terre.

Item, en alant pardelà sans soy mectre guière hors du chemin qui vouldroit occuper ung peu de temps à prendre Tripol de Barbarye, il est bien faisable car yl y a port pour tenir à seurté mille navires maulgré ceulx de ladite ville, et en la prenant se seroit grant espoentement pour tous Sarrazins, grant honneur et proffit pour nous, car elle est réputée la plus riche petite ville de tous les mescréans.

Item, pour faire plus grant espoentement ausdits Sarrazins, ne fauldroit que practiquer à nostre saint Père que il escripvist aux Viniciens et Gènewois comme aux princes qui font l'armée, etc., il a commandé de faire guerre à tous Sarrazins et infidelz. Pour quoy est à doubter que ladite armée estant en mer lesdits princes ne vouldront contrester aux vens mais aler ou Dieu les vouldra conduire. Considéré que de tous costez ladite armée puet estre employée à l'encontre desdits Sarrazins, ces choses il leur signifie affin que leurs marchandises estans esdits pays d'infidelz ilz recouvrent pardevers eulx, car se par ladite armée leursdites marchandises estoient trouvées et conquestées esdits pays sarrazinois, seroit forte chose de la ravoir et ainsi seroit pour eulx perdue

Item, quant l'on sera au Thenedon (1) ne pourra estre que l'on ne saiche

(1) A l'île de Ténédos.

du convine dudit Turc. Et se l'on oïst dire que ledit Turc avec sa puissance soit en ladite Romenye, on pourra descendre en ladite Turquye (1). C'est assavoir à Feulle, à Lismerre (2), à la Palatre (3) ou à Antheloque (4) qu'est une des grosses villes de ladite Turquye, point fermée et n'est pas une lieue avant en terre, qui seroit pour leur pourter grant dommaige et espoventement. Et est bon à savoir que ledit Turc estans en ladite Rommenye qu'est pays de conqueste, luy saichant ladite armée descendue en son pays naturel, exécutans les euvres de guerre, loissera ledit pays de conquest pour secourir au pays naturel. Et lors luy estre retournez par une nuyt ne fault que remonter en ses navires en poursuivant sa première emprise et si ne retourne, dont je ne doubte guières, faire du Cypion l'Aufrican.

Item, ne suis en nulle manière d'oppinion que l'on arme à Venise si non autant qu'ilz vouldront armer à leurs despens, car lesdits Turcs les congnoissent tant convoiteux que Dieu ne honneur ne leur est riens devant l'argent. Pourquoy est grandement à doubter que se ledit Turc se voit en dangier qu'il ne passiffie avec eulx tant par don d'or et d'argent que par privilèges qui leur donra en son pays, dont nous pourroit advenir ung grant inconvénient, car en armant par eulx nous ne pourrions mais que autant qu'ilz vouldroient.

Item, quant on arme par eulx se on prent navire, tout le gaing est à eulx, excepté la navire qui demeure au seigneur tant seullement. Et pareillement se l'on prent chasteaulx ou villes ilz vuillent avoir tout le pilaige et ne demeure au seigneur que les maisons vuides, sans touteffois, quelque gaing qu'ilz facent, riens vouloir rabatre de leur soulde et par ainsi ilz ont tout l'avoir d'amis et d'anemis, et en terre ne vous en pourriés aider, car ylz n'y valent pou et n'y a nulle ordonnance en eulx ne que en pourceaux.

Item, on puet savoir que lesdits Viniciens pour riens ne vouldroient que nulle estrange nacion feisse conqueste pardelà et espécialment les François, car leurs principales seignouries y sont et aussi toutes leur marchandises. Et y leur semble que lesdits François leurs seroient trop durs et puissans

---

(1) Turquie d'Asie.

(2) Peut-être Smyrne.

(3) Palatcha.

(4) Antioche

voisins, pour quoy ne seroit pas grant seurté d'avoir fiance en eulx, mais ilz vouldroient bien que lesdits François eussent aucunement maté ledit Turc, tellement que ilz peusissent voisiner avec luy et que quant ilz verroient lesdits Turcs assez matez, ilz peusissent par leurs puissance et subtilités faire cesser ladite guerre.

Item, quant armeriés par eulx et vous vouldriés faire amprise sus autres infidelz que sus lesdits Turcs, ne consentiroient en nulle manière que leurs galées et autres navires y alassent.

Item, pour le bien et seureté de ladite armée est de neccessité de la faire de pluseurs nacions, car en ce faisant il n'y puet avoir manipole ne conspiracion, laquelle chose advient souvent et est très doubteuse quant ladite armée se fait la plus part d'une nacion et quant ilz congnoissent que sans eulx on ne puet, pour quoy la fault faire de tant de nacions que quant l'une ou deux vouldroient faire manipole ou conspiracion, vostre emprise ne restat.

Item, se vous voulez avoir plus de galées que les six que voulés faire à faire, ne doubtés riens que en trouverés assez meilleurs et mieulx armées que celles des Viniciens et à meilleur marchié. Car se voulez avoir messire Bernard de Villammarin, très voulentiers il vous viendra servir à tout trois ou quatre galées, lequel messire Bernard est très gentilz chevalier et lequel ne fist oncques guerres que pour son prince et honnorable et sans riens prendre que sur ses ennemis. Et pareillement sieur de Naves, lequel est très gentilz escuier et pluseurs autres et pleut a Dieu que vous puissiés autant trouver d'argent que l'on vous trouvera de galées bien armées et de gens de bien sans le dangier desdits Viniciens. Et lesquelx vous serviront mieulx et à beaucop meilleur marchié que lesdits Viniciens comme plus à plain vous sera desclairié quant vous plaira.

Item, se voulés armer galées par aucune communaultés, armés à Ligorne (1) qui est aux Florantins, lesquelx le feront voulentiers et n'y aura nulz dangiers, car ilz n'ont nulles terres en Levant ne nulles habitudes ne conversacions avec lesdits Turcs. Et se Nostre Saint Père leur donne des indulgences, dismes et autres manyères pour lever argent en leurs segnories, de eulx mesmes ilz en armeront comment ilz offrirent de faire au pappe

(1) Livourne.

Calixte et pareillement ceulx d'Aragnise (1) comment ilz firent au pappe Eugène. Et le pappe en a qu'il pourra pareillement armer.

Item, en levant argent ou pays de monseigneur de Savoye par telle manière, est à croire qui le fera voulentiers, car se seroit tout le grant bien de son filz le Roy de Chippre et la ressuscitacion de sondit royaulme et il le puet bien faire à Nyce. Et si a en son pays ung gentilz chevalier qui le saura bien faire, car il l'a autresfois fait ; c'est messire Nicot de Menthon. Et pareillement pourra faire le duc de Millan, monseigneur de Bretaigne, en arment baleniers et carvelles et plusieurs autres princes, des deniers lesquelx par telle manière seroient levés en leurs pays.

Item, nostredit Saint Père pourra faire commandement aux prieurs de tous les royaulmes chrestiens de l'ordre de Saint Jehan de Roddes, que deux à deux ou trois à trois, selon leurs facultés, ilz arment galées et ainsi en pourrés recouvrer grande quantité et sans les autres dont présentement on ne s'avise.

Item, quant vouldrés faire vostre armée, ceulx qui auront la charge de mener voz gens d'armes une partie pourront monter en belles carvelles, chascune de cent tonneaux ou environ, lesquelles vogueront chascune à cinquante raymes et pourront pourter chascune cent hommes et leurs vivres pour six mois, pour chascune monstrer la barbe à une galée.

Item, ceulx qui menront le demorant de vosdits gens d'armes et vivres et artileries pourront prendre navires de tous pays, car en les prenant de pluseurs nacions vostredite armée en sera plus seure pour ce que ilz ne pourront faire manipole ne conspiracion comme dist est.

Item, quant lesdits Viniciens verront que aurés faicte vostre armée sans leurs dangiers, pour doubtes de leurs seignories qu'est pardelà comme dist est, vous viendront servir sans mander.

Item, la cause qui me meust de faire à faire vosdites galées en Avignon est pour ce que c'est terre de Pappe, non subgecte à aucun prince oultre tous les pons qui sont sur le Rône et près de la mer. En laquelle ville on puet légièrement descendres vivres et artileries par les rivières de la Sône et dudit Rône.

---

(1) Probablement Anagni.

Item, et quant vous vouldrés faire vostredite armée, est de neccessité de la conclure ung an devant largement et de bailler aux seigneurs et capitaines chascun sa charge, affin que chascun se pourvoye de gens, de navires et autres choses à eulx neccessaires et selon les charges que leur baillerés.

Item, pareillement ordonner qui manra vostre artilerie et quelle artilerie vous manrés en les fornissant de navires et par ainsi vous n'aurés à faire que de trouver argent, sans lequel riens ne puet estre fait.

Item, pour ce qui l'en y a aucungs qui doubtent d'estre malade de la mer, pour les reconforter saichent de vray que la nature de la mer de pardelà est telle, c'est assavoir que en esté incontinant le vent calés, incontinant la mer est bonasse, qu'est le contraire en la mer d'Espaigne. Item, ainsi que le soleil se haulse l'ambat (1) de ponant croist qui est pour nous et ainsi que il se décline ledit vent cale et toute la nuyt bonasse, excepté ung petit vent qui vient de terre, lequel à paine on puet sentir et ainsi la nuyt on puet navigher ou à voelle ou à remes terre à terre lequel que l'on veult aussi doulcement que par ung estant, et de disnée en soappée on puet estre en bon point, esquelx se fort temps se levoit pourrions actendre jusques ilz fust passez. Et lequel mal temps en esté advient trop peu souvent esdites mers et se il l'y survient si ne dure il guières.

« *S'ensuit ce qui est advisé que se doit mettre à exécution pour le voyage de Monseigneur le Duc* (*en Turquie* ») (1457, 19 janvier. Archives du Nord. Chambre des Comptes. Trésor des Chartres. N° 15817.)

Primo. Que ceulx qui ont voué se tiengnent prestz et que mondit seigneur le duc leur face signifier à toute diligence, car veu les nouvelles qu'il a tant du Roy d'Arragon que de l'Empereur, mondit seigneur le Duc ne peut encore savoir le temps qu'il partira, mais afin qu'il ne soit sourpris, il est nécessaire que dès maintenant chascun se tiengne prest, car de sa part et en tant qu'il lui touche, il a ainsi ordonné le faire pour soy.

Item, du nombre des gens d'armes et d'archers que mondit seigneur vouldra soudoyer, on n'y peut avoir résolucion jusqu'à ce qu'il sache

(1) La brise.

quelles aides il aura de ses pays, et pour ce, on le laisse à sa disposicion; mais il semble que pour le bien de la matière, il seroit expédient que mondit seigneur se déclairast sur ce le plustôt qu'il pourroit, afin que chascun se dispose à furnir et pourveoir de bon heure de ce dont il aura charge, et mesmement advisast les gens et chiefz desquelz il se vouldra aidier.

Touchant le lieutenant général de mondit seigneur, il semble nécessaire que mondit seigneur le duc, le doit nommer de bon heure afin qu'il se dispose et se pourvoye de gens convenables à sa charge et semble à ceulx qui ont esté ensemble que se mondit seigneur le duc est déterminé de mener monseigneur d'Estampes, il sera le plus propice à ce.

Item, pour ce qu'il aura en l'armée gens de diverses langues, seroit expédient de veoir quelz chiefz on ordonnera selon les langaiges; mais on n'y peut conclure jusques à ce que l'on verra quelles gens on aura et quelz seigneurs, et lors mondit seigneur pourra ordonner chief, ung ou plusieurs pour les conduire.

Item, touchant les finances, semble que mondit seigneur doit ordonner un preudomme et notable pour lever et cueillir par tous ses pays, les deniers qui lui sont ou seront accordez et ce qu'il vouldra prendre de ses coffres, et que le tout soit mis ensemble en la main de mondit seigneur et de ceulx qu'il y voudra commettre, mais pour le distribuer et en faire despense, semble expédient de avoir sur ce l'adviz des gens des comptes et des finances, afin qu'ilz donnent ordre sur ladicte despense, tant au regard des acquiz comme autrement.

Au fait de l'artillerie semble que mondit seigneur doit mander venir vers lui hastivement le maistre de son artillerie, afin qu'il voye l'estat de sadicte artillerie et s'il y en a peu qu'on y pourvoye, et que le tout veu mondit seigneur choisisse et prengne ce qu'il vouldra, et le surplus laissera pardeça et lors il pourra commettre ung maistre de son artillerye qui yra avecques lui et pourra laissier pardeça ledit maistre ung lieutenant qui aura copie de l'inventaire et ledit maistre qui sera en la compaignie de mondit seigneur en aura le double, afin que si on veult aucune chose mander cy après, ledit lieutenant le puist envoyer; et aura ledit maistre de l'artillerie charge de XX lanches comprins en la despence du nombre des gens d'armes pour aidier à conduire son fait.

Item, de artilleurs, charpentiers, maçons, fèvres, pionniers, mineurs et manouvriers semble qu'il en fault de V à VI^{c} qui soient furniz de leurs utilz, à telz gaiges que archiers, armez et embastonnez pour combatre se mestier est, et seront distribuez en cheminant et autrement tant en l'avant garde qu'en la bataille et l'arrière-garde ainsi qu'il sera expédient soubz et par la conduite dudit maistre de l'artillerye et de cellui ou ceulx qu'il y commettra.

Item, semble à aucuns que les pionniers doivent estre soubz ung chief autre que le maistre de l'artillerye.

Item, pour mareschaulx semble qu'il en fault trois, l'un pour lostel de monseigneur le duc, l'autre pour la langue d'Alemaigne et le tiers pour le surplus de l'armée ; et semble que ceulx qui s'ensuient seront propices, c'est assavoir :

Monsieur de Moreul.
Monsieur de Humières.
Monsieur Baudes de Noyelles.
Messire François Larragonnoiz.
Monsieur de Contay.
Messire François de Menthon.
Monsieur d'Espière.
Monsieur de Bergues.
Et Monsieur le Liégeoiz de Humières.

Item, pour prévostz des mareschaulx en fault trois dont ceulx qui s'ensuivent sont propices, c'est assavoir :

Jehan de Bonem.
Euvrard de Brimeu.
Guillaume de Cuinsy.
Maillart de Ricamez.
Digne Ste Paule.
Chenevre et Anthoine de Laviron, ou autres telz que monseigneur vouldra.

Item, pour conduire le charroy :

Messire Loys de Masingues.
Le Bastart de Rosin.
Messire Fréderic de Meynynsrent.

Item, pour le conseil ordinaire pour estre journellement avecques mondit seigneur, mon avantdit seigneur les nommera telz et à tel nombre qu'il lui plaira. Mais il semble qu'il ne peut à moins de huit conseillers nobles hommes, et quatre clercs, desquelz est expédient que aucuns saichent alemant tant pour parler que pour faire ambasçades se mestier est.

Item, fault quatre secrétaires dont en y ait deux qui saichent latin et hault alemant et les autres latin et françois et le thioiz de pardeça.

Item, touchant la chapelle semble que mondit seigneur doit dès maintenant nommer ceulx qu'il veult mener afin qu'ilz se disposent et qu'ilz soient eulx et leurs serviteurs habilliez de brigandines ou autrement selon leur estat.

Item, semble qu'il est expédient que mondit seigneur le Duc face quant il lui plaira et le plus brief seroit le meilleur, assembler ses maistres d'ostel et autres officiers avecques eulx pour veoir à l'estat de l'ostel selon les gens et l'estat qu'il vouldra mener, et que surtout ilz mettent leur adviz par escript et choisissent gens en chascun office qui soient aisiez de leurs corps et propices pour eulx deffendre ou combatre se mestier est et sans y avoir gens superfluz ou inutiles.

Item, semble expédient que quant mondit seigneur vouldra passer, il envoye des notables gens de son conseil XV jours ou trois sepmaines devant pardevers les seigneurs et bonnes villes par où que on passera affin de ordonner des passaiges et des logiz et pour faire provision de vivres et autres nécessitez et afin de éviter confusion ou débat; mais il seroit expédient que quand mondit seigneur aura conclu le chemin qu'il vouldra prendre qu'il en escripve auxdits princes et seigneurs par lesquelz il vouldra passer deux ou trois mois paravant afin de les advertir de sa venue et passaige.

Item, fault que les mareschaulx ordonnent aucuns notables hommes avecques ung desdis prévostz des mareschaulx, lesquelz demourront derrière et jusques toutes les routes soient passées, afin que se plainte vient de ceulx qui auront passé, ilz les réparent ou facent réparer.

Advis pour le chemin de Monseigneur.

Primo. Se mondit seigneur est disposé de prendre le chemin par Ytalie, il semble que toute son armée se doit assembler à Chalon et là environ sur la Saône, et que jusques illec on furnisse pour IIII^m archers : 200 charioz.

Item, quant on viendra à Chalon, on renvoyera lesdits II^c charioz et autres dont on se pourra passer et fera on provision de bateaux pour mener les gens de pié, tant archiers que autres et une partie des gens d'armes de Picardie pour conduire lesdiz archiers et pour mener l'artillerie et tous autres bagaiges jusques à Eques-mortes, lesquelz bateaulx il fauldra acheter, car ilz ne pourroient remonter contre le Rone et on les revendra audict lieu de Eques-mortes (et fera on proufit) tel que on pourra et est nécessité d'avoir ung notable chief pour eulx conduire et à qui tout obéisse.

Item, et les chrarioz de l'escuirie de mondit seigneur et de l'artillerie desquelz on ne se peut passer comme de charioz de bombardes et ribaudequins se pourront mettre par pièces et mener dedens lesdits bateaulx.

Item, faut faire provision audit lieu de Eques-mortes, Nisse et Marsaille ou autre port de X ou XII grosses naves ou autres naviges, nécessaires, selon que on trouvera plus expédient pour aler par mer, lesquelles mondit seigneur frettera à ses despens pour mener ses dis gens et bagaiges et s'en aidera jusques à la descente en pays des ennemiz et de là tout comme il lui sera expédient et tant tenu, tant payé ; et semble que la despence dudit navire ne excédera peu ou néant la despence dudit charroy.

Item, de l'autre partie des gens d'armes de Picardie yront par terre avecques mondit seigneur et feront mener en moins les chevaulx de leurs compaignons qui yront par mer avecques lesdiz archiers.

Item, touttes les gens d'armes de Bourgoigne et tous autres de cheval yront pareillement par terre avecques mondit seigneur par compaignies et en la manière qu'il sera advisé.

Item, depuis que ledit charroy sera habandonné, il fauldra pour mondit seigneur et ceulx de sa compaignie qui yront à cheval, bestes et mulles pour porter à somme ce de bagaiges qu'ilz vouldront porter et qu'ilz n'auront mis ès bateaulx, car charroy ne peut passer par les montaignes, et ce on tant chascun pour son fait et à ses despens.

Item, fault que les pionniers, charpentiers, maçons et mineurs ou partie d'eulx voisent (1) toudiz avecques lesdis gens de cheval pour faire les chemins et logiz quant besoing sera.

Item, fault toute ladicte compaignie de cheval tenir ceste conduite jusques au royaume de Napples et jusques au port auquel on passera la mer.

Item, semble que mondit seigneur pourra deviser sadicte compaignie de cheval en deux compaignies dont l'une passera par le mont Senis et l'autre par le mont Saint-Bernart, afin d'avoir plus aisié passaige et pour mieulx recouvrer vivres, et que lesdictes deux compaignies se rassemblent toutes devant Melan et de là passer oultre par routes tirans droit à Romme.

Item, pour ce qu'il semble que le maistre de l'artillerie aura bien à besoingner à son charroy ou conduite de sa charge et que celui seroit trop grant charge de conduire tous lesdiz prisonniers, semble qu'il seroit expédient de commettre ung homme de bonne auctorité qui fust chief desdiz pionniers pour les conduire et faire ouvrer et exécuter leur charge durant ledit chemin et qu'ilz voisent une journée devant pour faire les chemins et ce qu'il appartendra.

Advis pour Alemaigne.

Premiers, se monseigneur le Duc se dispose pour ledit chemin, il semble que toute l'armée se doit armer et assembler à Raysbourg (2) et là environ pour delà en avant aler par la rivière de la Dunoë (3) ; et pour ce que ladicte armée viendra de divers pays, ceulx de Bourgoingne pourront passer le Rin aux pontz à Basle et à Bisach et eulx assembler autour de Olme (4) ; et ceulx de Picardie, de Haynnau, de Namur, de Brabant, Flandres et Luxembourg pourroient arriver par Loraine et aler passer ou pont à Straisbourg et de là tirer audit lieu de Olme en Svérie (5) avecques les Bourguignons ; et ceulx de Hollande et de Zellande et autres desur le Rin pourroient aler à Coulongne et de là sur le Rin contre montant jusques à Spire et de là passer en dedens pays de Svérie environ Olme et de là tireront oudict lieu

(1) Voyagent.
(2) Ratisbonne.
(3) Danube,
(4) Ulm.
(5) Souabe.

de Raisbourg par le pays de Bavière par lequel on trouvera rivières qui chéent en ladicte Dunoë, esquelles on se pourra furnir de vasseaulx à ce nécessaires.

Item, se mondit seigneur se détermine audit chemin il sera nécessaire faire provision de bateaulx et qui en pourroit finir jusques à III^{c}, on y metteroit les gens et chevaulx et leurs bagaiges avecques les charrioz nécessaires, par pièces, de toute l'armée, car chacun bateau pourra porter XXIIII à XXX chevaulx et cent hommes, deux charioz par pièces et les vivres et bagues pour lesdits cent hommes, et coustera chacun vasseau cinquante florins du Rin.

Item, et seroit expédient de envoyer cinq ou six mois devant pour pourveoir à faire lesdis batteaulx.

Item, et qui n'auroit le temps de faire lesdiz III^{c} bateaulx, on se pourroit passer de cent, lesquelz porteroyent les gens de pié, les charios par pièces et les bagaiges et les chevaulx de pris, et le surplus des chevaulx tant des compaignons comme des charios, on les menroit en main par terre. Mais il est à noter que se ladicte armée se devise, comme dit est, partie par eaue et partie par terre, il seroit expédient que ceulx qui seront par terre se logeassent tous les soirs ou le plus souvent qu'ilz pourront sur les rivaiges de ladicte rivière avecques ceulx qui yront par l'eaue, et que lesdis naviges feissent tant moins de chemin, mais s'il estoit possible que tout fust par eaue et que l'on eust les bateaulx nécessaires, ce seroit le meilleur, car on seroit par eaue ung mois plus tost en terre d'ennemiz que de aler par terre, parquoy on gaigneroit les gaiges et despens d'un mois et se partie est par terre et partie sur l'eaue, ceulx de terre ne seroient pas jusques à Bellegrade si tost que ceulx de l'eaue de XV jours ou plus.

Item, est à savoir que pour aler tout par eaue de Raisbourg à Bellegrade on y seroit en moins d'ung mois, et se partie va par terre et l'autre par eaue, il y fauldra au moins six sepmaines, car il fauldra que les bateaulx surattendent ceulx de la terre; et se toute la compaignie tant gens de pié que de cheval et les charroiz vont par terre on y va bien, mais on en mettra deux mois ou plus.

Item, pour ce que Bellegrade est la derrenière place de l'obéissance de Honguerie et que de là on entre ès terres du dispot de Raissie et de Servie, on ne met icy aucun adviz, car il se fauldra conduire de là en avant par le conseil et adviz de ceulx desdits pays. Et est à noter que audit lieu d Bellegrade se devront assembler toutes les compaignies tant d'Allemaign que de Behaingne et Hongrie et de là se laissera la rivière de la Dunoë et se prendra la terre pour tirer contre les ennemiz.

Adviz pour lever gens et ce qu'ilz cousteront.

Premiers, en Picardie et marches de Pardeça quatre cens lanches, à trois chevaulx pour lance, c'est assavoir l'omme d'armes, son vallet armez de courset ou brigandine et portant une langue de bœuf ou autre baston à l'avenant et ung grand paige, à XV escus pour mois font : VI^{m} escuz.

Item, IIII^{m} archiers à pié à trois pattars le jour, valent pour mois XV^{m} escus, et leur fauldra II^{c} charioz pour mener leurs bagaiges, car ilz ne les pourroient porter en alant à pié et coustera au moins chacun chariot XII patars par jour qui font pour mois : III^{m} escuz, lesquelz charrioz yront jusques sur la Sône, se on prent le chemin de Ytalie ou sur la Dunoë, se on prent le chemin d'Allemaigne; et mettront lesdis charrioz à faire ledit chemin de Flandres, Brabant, Picardie et Haynnau environ ung mois pour venir jusques sur lesdites rivières de la Sône ou de la Dunoë; ainsi, pour ce premier mois cousteront lesdits IIII^{m} archiers à pié à trois patars par jour parmy le charroy que on leur livrera d'avantaige la somme XVIII^{m} escus. Et lesdictes IIII^{c} lances VI^{m} escus qui font en tout pour ladicte armée de Picardie, Flandres et Brabant, Haynnau et les Marches de Pardeça pour mois : XXIIII^{m} escuz.

Item, depuis que lesdis archiers de pié seront sur lesdictes rivières de la Sône et de la Dunoë, il leur fault livrer aux despens de mondit seigneur navige sur la Sône pour aler jusques à Egues-Mortes et de là, navige de mer pour aler jusques en Grèce ou Turquie sur les ennemiz se on va par Ytalie; et se on prend le chemin d'Allemaigne, il leur fault pareillement livrer navige sur la Dunoë jusques à Bellegrade, et de là on prendra le chemin de la terre pour tirer sur les ennemiz, duquel navige cy après sera faicte l'extimacion de la despense ou coustaige.

Item, en Bourgoingne III^{c} lanches, tant du pays de Bourgoingne comme de ceulx de l'ostel et aultres qui ne seront pas comptez par les escroes, à quatre chevaulx pour lance; c'est assavoir chacun homme d'armes, son paige, ung vallet armez et embastonnez comme dessus avec ung crénequinier à XX escuz pour lance, font pour mois : VI^{m} escuz. Et est à noter que on baille à ceulx de Bourgoingne quatre chevaulx pour lance et XX escus de gaiges, et à ceulx de Picardie et de Marches de pardeça trois chevaulx pour lance et XV escuz de gaiges, pour ce que ceulx de Pardeça lèveront les archiers et aura chacune lanche dix archiers soubz lui, ce qui n'est pas si faisable à ceulx de Bourgoingne, car ils ne pourroient si facillement trouver ne conduire lesditz archiers que feront ceulx de Pardeça et seront ceux de Pardeça serviz desdictz archiers.

Item, fault cent que canonniers que colleuvriniers ; item, cent que charpentiers, que maçons et fèvres ; item, cent artilleurs tant ouvriers d'ars comme de flesches et de cordes d'ars et d'arbalestres.

Item, III^{c} que mineurs, que pionniers qui font VI^{c} hommes tous à pié, chacun portant baston deffensable et à gaiges d'archiers à pié l'un portant l'autre, font pour mois à trois patars pour homme II^{m} II^{c} L escuz.

Somme que lesdites deux armées de Picardie et de Bourgoingne font VII^{c} lanches dont les IIII^{c} de Pardeça font VIII^{c} combatans et les III^{c} de Bourgoigne font IX^{c} combatans, IIII^{m} archiers et VI^{c} colleuvriniers, pionniers, manouvriers, etc., qui font IIII^{m} VI^{c} combatans, sont en toute ladicte armée VI^{m} III^{c} combatans qui cousteront par mois sans le navige XXXII^{m} II^{c} L escuz.

Item, en ces choses dessusdictes n'est paz comprinse la despence de l'ostel de monseigneur, ne le charroy de l'artillerie, ne aussi ce qu'il fauldra acheter de cy en avant touchant ladicte artillerie, ce qu'il fault extimer par l'adviz des maistres de l'artillerie et autres à ce congnoissans.

Item, fault jusques à XX monnoyers pour forgier monnoye par le chemin comme il semble à aucuns.

Adviz pour le navige qui sera nécessaire si on prent le chemin de Ytalie.

Primo. Qui se vouldra furnir de navire à Marsaille pour le passage de V^{m} hommes et pour le bagaige de toute l'armée, on le pourra furnir par dix naves environ de VII^{c} bottes, l'une portant l'autre, qui cousteroyent pour le nolle, la pièce de IIII^{c} à V^{c} escuz, font à V^{c} escuz pour mois V^{m} escuz. Et semble que du moins il les fauldra tenir trois mois qui seroit en somme XV^{m} escuz.

Item, qui se vouldroit aidier du ballenier de monseigneur le Duc et se furnir en Portugal de XII carvelles qui cousteroyent XII^{m} escuz du premier achat et pourroient porter chacune en passaige de II^{c} à III^{c} hommes et que avecques ce mondit seigneur feist acheter deux naves chacune de VI^{c} bottes qui cousteroient au moins II^{m} V^{c} escuz la pièce, lesdits navires souffiront pour le passaige de ceulx qui yront par mer. Et cousteront lesdis carvelles et naves en premier achat, en tout XVII^{m} escuz.

Item, depuis qu'elles seront prestes, cousteront tant pour maronniers comme pour les vuivres, pour mois en tant environ II^{m} escus. Et fauldroit tenir ledit navire trois mois à ce fret pour parfaire le passaige qui seroit en despence pour lesdits trois mois VI^{m} escuz.

Item, lesdits trois mois passez lesdits navires gaigneront bien de là en avant leurs despens, car elles seront à Monseigneur et les pourra on employer en guerre ou à porter vuivres et autres provisions qui seroit grant solaz et secours à ladicte armée. Et est à noter que durant le temps de ladicte armée ledict navire sera très nécessaire tant pour passaiges de gens alans et venans, comme pour porter vuivres et autres choses dont on ne se pourra passer et par ce lesdits navires gaigneront bien leurs despens durant le temps de ladicte armée, et si ne s'en peut on bonnement passer se semble à aucuns.

Item, et qui vouldra tout aler par terre à cheval on le peut faire et fauldroit envoyer ou ballenier de Monseigneur toute l'artillerie dont on n'a que faire entre cy et Naples, et pareillement les tantes dont on se peut passer et se on doubtoit des Angloiz, on pourroit envoyer ledict ballenier veuyt jusques à Eques-Mortes et lesdictes artillerie et toutes par la Sône.

Item, pourra couster ledit ballenier tant pour gaiges de marronniers que pour leurs vuivres II^{m} escus le mois.

Item, et se on prent le chemin d'Allemaigne, il seroit expédient de envoyer III^{c} neifs sur la Dunoë qui cousteront, à 4 florins de Rin la pièce, XV^{m} florins de Rin ou au moins en fault cent, et ne s'en peut on passer du moins pour les bagaiges qui seront à mener qui cousteront V^{m} florins se on prend ledit chemin et serviront jusques à Bellegrade et non plus et là on les pourra vendre et en faire proufit tel que on trouvera.

Item, et se on veult tous lesdits archiers mener à cheval, soit par Ytalie ou par Allemaigne, on seroit deschargée de la despence desdicts charios et navires tant de mer comme desdictes rivières, mais il leur fauldroit pour gaiges quattre pattars par jour qui seroient pour mois pour IIII^{m} archiers: XX^{m} escuz.

Si plaise à mondit seigneur sur tout avoir adviz et y conclure le plus brief qu'il pourra comme il est besoing afin de pourveoir à ce qu'il sera de faire.

État de l'artillerie emmenée par le bâtard de Bourgogne dans son expédition.
(Archives du Nord. Compte de l'artillerie.)

S'ensuyvent les parties d'artillerie que Guillaume Bourgois, receveur de l'artillerye de monseigneur le Duc de Bourgogne et de Brabant, a délivrées, par le commandement et ordonnance de mondit seigneur le Duc, à monseigneur le bastard de Bourgogne pour soy en aidier ou voyaige qu'il fait présentement en armes de par icellui seigneur ou pays de Turquie, à la résistence de la saincte foy chréstienne; icelles parties d'artillerie prinses tant en l'artillerie de mondit seigneur le Duc gisant à Lille comme ailleurs. Et toutes lesquelles parties d'artillerie ont esté, par l'ordonnance de mondit seigneur le Duc, baillées et délivrées par ledit Guillaume Bourgois, pour et ou nom de mondit seigneur le Bastard, à Pierre de Cressy, escuier, lieutenant de monseigneur de Moreul, maistre de l'artillerie de mondit seigneur le Duc et commis de par icellui mondit seigneur le Bastard, au gouvernement et conduicte de son artillerye durant sondit voyaige ; desquelles parties la déclaracion s'ensuit.

Et premiers des parties d'artillerie prinses en l'artillerie de mondit seigneur le Duc à Lille.

Assavoir, deux mortiers de fer d'une sorte portans pierres de dix polz (1) en croisié, iceulx mortiers garniz de leur affuz comm'il appartient.

Item, deux cens pierres de dix polz en croisée pour servir ausdits deux mortiers.

Item, sèze petis weuglaires de fer de diverses sortes, chacun garny de

(1) Pouce.

deux chambres pour servir sur les navires de mondit seigneur le Bastard portans pierres de IIII et III polz en croisée.

Item, deux grosses serpentines de fer, vernyes de vermeil, garnyes checune de deux chambres enchassées en bois à bendés de fer pourtans bouletz de fer ou de ploncq de III polz et demi en croisée.

Item, une serpentine de fondue (1), achetée despieça de ung marchant de Clèves garnye de son affust.

Item, une autre serpentine de fondue pesant II^c XXX libvrez, achetée de Jacquemont De Lespine, sans affust.

Item, sept autres serpentines de fei dont les VI sont toutes d'une sorte et la VIIe moindre la moictié, enchassées en bois, vernys de vermeil chacune d'icelles garnye de deux chambres.

Item, cent et cinquante bouletz de fer fondu de deux polz et demi en croisée, pour servir à serpentines, pesans II^c XIII libvrez de fer.

Item, en pluiseurs bouletz de ploncq de pluiseurs sortes pour servir aux VII serpentines dessusdites, a esté délivré audit Pierre VIII^c IIII^xx XV libvrez de ploncq.

Item, soixante culevrines à main toutes de métal garniez d'arbrietz, de tarquoys, moles et autres habillemens comm'il appartient.

Item, encoires quarante autres culevrines de fer à manches de bois.

Item, pour servir aux veuglaires estans sur les navires de mondit seigneur le Bastard a esté délivré audit Pierre de Cressy, IIII^m pierres de pluiseurs sortes ; assavoir : VI^c pierres de III polz et demi en croisée ; II^c autres pierres de III polz en croisée ; XVIII^c de II à III polz et XIIII^c d'autres pierres de poche (2) et demi environ.

Item, vingt deux cacques plains de pouldre de canon dont il y a trois hambours.

Item, quatre hambours de salpêtre pour faire pouldre de culevrines, ensemble le souffre et aultres estoffes ad ce neccessaires.

---

(1) Fonte.

(2) Pouce.

Item, quatre mil arcs à main de bois d'if et XXXIX coffres de bois bendez de fer, fermans à clef esquelx ont esté mis lesdits arcs.

Item, huit mil douzainnes de flesches de guerre ferrées pour servir ausdits arcs et XXVI quehues de bois esquelles sont mises lesdites flesches.

Item, trois mille douzainnes de cordes pour servir auxdits arcs et six grosses quehues de bois là où lesdites cordes sont mises.

Item, XXIX^{m} III^{c} dondainnes, demidondainnes et viretons pour servir à arbalestres.

Item, deux cens quatre vingts wouges.

Item, cinquante leviers de fer de trois sortes, grans, moyens et petiz.

Item, deux cens cinquante pavois de pluiseurs sortes, verniz de vermeil à une blanche croix saint-Andry ou mylieu.

Autres parties d'artillerye délivrées par l'ordonnance de mondit seigneur le Duc audit Pierre de Cressy ou nom de mondit seigneur le Bastard en la ville de Bruges venans des parties d'artillerye que icellui seigneur a ordonné illec acheter pour le fait de son voyaige de Turquie.

Pour une serpentine de fondue de la longueur de VII à VIII piedz marquée à deux GG. pesant III^{c} XXIII libvrez de métal au poix de Bruges.

Item, une autre serpentine aussi de métail, armoyée aux armes de mondit seigneur le Bastard que mondit seigneur a fait acheter audit Bruges, pesant IIII^{c} XLII libvrez.

Item, sèze autres serpentines de fondue aussi de pluiseurs sortes dont les aucunes sont marquées d'ung fuzil à la devise de mondit seigneur, pesans ensemble II^{m} VIII^{c} XLII libvrez.

Item, deux autres serpentines de fer d'une sorte et d'une pièce, achetées de Lambillon, pesans ensemble...

Item, dix huit cens quatre-vins-deux libvrez de ploncq en masse pour faire plommez (1) pour servir ausdites serpentines.

(1) Boulets de plomb.

Item, soixante-deux arbalestres d'achier de celles que mondit seigneur a fait faire à Brouxelles par Steennekin dont les XXXI sont grandes, garnyes chacune de wyndas et les autres XXXI sont moindres garnyes chacune de crik et chainture comm'il appartient.

Item, XXXII veuglaires de fer, enchassez en bois, chacun garny de trois chambres que l'on a achetez audit lieu de Bruges de diverses sortes, pour mectre sur les navires de mondit seigneur le Bastard.

Item, dix-huit autres weuglaires de fer, aussi enchassez en bois, chacun garny semblablement de trois chambres achetez au lieu de l'Escluze, pour servir comme dessus ès navires de mondit seigneur le Bastard.

Item, quatre autres weuglaires de fer, enchassez en bois, dont les trois sont garniz chacun de deux chambres et le IIIIe d'une chambre seulement, venans de Zeellande et lesquelx avoient pieça esté prins en ung navire d'Engleterre ouquel estoit le seigneur de Willechier et autres.

Item, quatorze cens cinquante pierres pour servir à iceulx weuglaires aussi de diverses pochisons (1).

Item, deux cens cinq libvrez de fil d'Anvers, mis en deux tonneiez de bois.

Item, huis cens cinquante picques de Flandres toutes d'une sorte.

Item, cent hoyaux de fer à manche de bois.

Item, cent picqs aussi à manche de bois.

Item, cent loichez de deux sortes.

Item, cinquante cuygnyes à manche de bois.

Item, C sarpes.

Item, ung cacque et ung petit tonnelet plains de chaudde trappes.

Item, IIII^{xx} lanternes de bois.

Item, cinquante soufflez.

---

(1) Calibres,

Item, X soyoires grandes, moyennes et petites et IIII lymes.

Item, XII marteaulx à espincher pierres et tous autres habillemens d'ung ouvrier povoir faire.

Item, deux cens mailletz de ploncq des IIII^{m} que mondit seigneur a fait faire à Bruges.

Item, cinquante pelles de bois ferrées.

Item, ancores ung sant de pierres de X posses an crosée servant pour les morties dessusdits.

(Signé) : Pierre de Crécy.

Nous, Anthoinne, bastard de Bourgogne, comte de la Roiche en Ardenne, seigneur de Bevres, de Beuvry, de Choques et de Tournehem, chevalier, conseiller et chambellan de monseigneur le Duc de Bourgogne, certiffions à tous qu'il appartiendra que par l'ordonnance et commandement de mondit seigneur Guillaume Bourgois, receveur de son artillerye, a baillé et délivré pour nous et en nostre nom à Pierre de Cressy, escuier, par nous commis au gouvernement et conduicte de nostre artillerye durant le présent voyaige que faisons de par icellui seigneur ou pays de Turquie, toutes les parties d'artillerye cy-dessus en ce présent rolle déclairées pour nous en aidier en noz affaires, nostre dit voyaige durant; desquelles ledit Pierre rendra compte comm'il appartiendra. Tesmoing nostre nom cy mis le XVIIIe jour de may l'an mil CCCC soixante et quatre.

(Signé) : A. de Bourgogne.

Et je Pierre de Cressy, escuier, pannetier de monseigneur le Duc de Bourgogne, lieutenant de monseigneur de Moreul, maistre de l'artillerie de mondit seigneur et commis par monseigneur le bastard de Bourgogne au gouvernement et conduicte de son artillerye durant le voyaige qu'il fait présentement en armes de par mondit seigneur le Duc ou pays de Turquie, confesse avoir receu de Guillaume Bourgois, receveur de l'artillerye de mondit seigneur le Duc, toutes les parties d'artillerye dont cy dessus en ce présent rolle contenant deux pièces de parchemin est faicte mencion, lesquelles il m'a délivrées par le commandement et ordonnance de mondit seigneur ou nom de mondit seigneur le Bastard pour soy en aidier en son présent voyaige, et d'icelles promectz rendre bon compte à mondit seigneur le Duc sy avant que tenu suis de faire. Tesmoing mes seel et seing manuel cy mis XVIIIe jour du mois de may l'an mil cccc soixante et quatre.

(Signé) : Pierre DE CRÉCY.

Déclaracion de pluiseurs parties d'artillerie venant du chasteau de Reunescure à cause de certainne vendicion faicte sur aucuns des biens de feu messire Colard de Commines en son vivant souverain bailli de Flandres, délivrées par Jehan Petanc, huissier d'armes de monseigneur le duc de Bourgogne commis à l'exécucion d'iceulx à Pierre de Cressy, escuier pannetier de mondit seigneur, lieutenant de monseigneur de Moreul et commis au gouvernement et conduicte de l'artillerie de monseigneur le bastard de Bourgogne durant son voyaige qu'il fait présentement de par icellui seigneur ou pays de Turquie (pour et ou nom de mondit seigneur le Bastard) par le commandement et ordonnance de mondit seigneur ainsi qui s'ensuit :

Et premièrement,

Vingt veuglaires de fer, enchassez en bois, chascun garny de deux chambres dont en y a deux gros pourtans pierre de V pochez en croisée, lesquelx ont esté délivrez à messire Symon de Lalaing qui les a mis ou chasteau de Lescluze et pour iceulx a prins oudit chasteau deux autres veuglaires pour servir à ses navires.

Item, trois milliers de pierres de pluiseurs sortes pour servir ausdits veuglaires.

Item, neuf culevrines à main, de fer, à manches de bois et de fer.

Item, environ le tiers d'une quehue de pouldre de canon.

Item, deux quehues plainnes de traits d'arbalestre de petite valeur.

Item, douze mailletz de ploncq.

Item, environ une cacque de tampons servans à chargier veuglaires.

Je Pierre de Cressy, escuier, pannetier de monseigneur le duc de Bourgogne, lieutenant de monseigneur de Moreul, maistre de son artillerie et commis par monseigneur le bastard de Bourgogne au gouvernement et conduicte de son artillerie durant le voyaige qu'il fait présentement en armes de par icellui seigneur ou pays de Turquie, confesse avoir receu dudit Jehan Petane commis que dessus, les parties d'artillerie dont cy dessus est faicte mencion, lesquelles il m'a délivrées par le commandement et ordonnance de mondit seigneur le Duc ou nom de mondit seigneur le Bastard pour soy en aidier en son présent voyaige et d'icelles promectz rendre bon et loyal compte à mondit seigneur le Duc sy avant que tenuz y seray de faire.

Tesmoing mes seel et seing manuel cy mis le XVIIIe jour de may l'an mil CCCC LXIIII.

(Signé) : Pierre DE CRÉCY.

Lille Imp. L. Danel.

www.ingramcontent.com/pod-product-compliance
Ingram Content Group UK Ltd.
Pitfield, Milton Keynes, MK11 3LW, UK
UKHW021516260726
13993UKWH00004B/1695

9 782019 939571